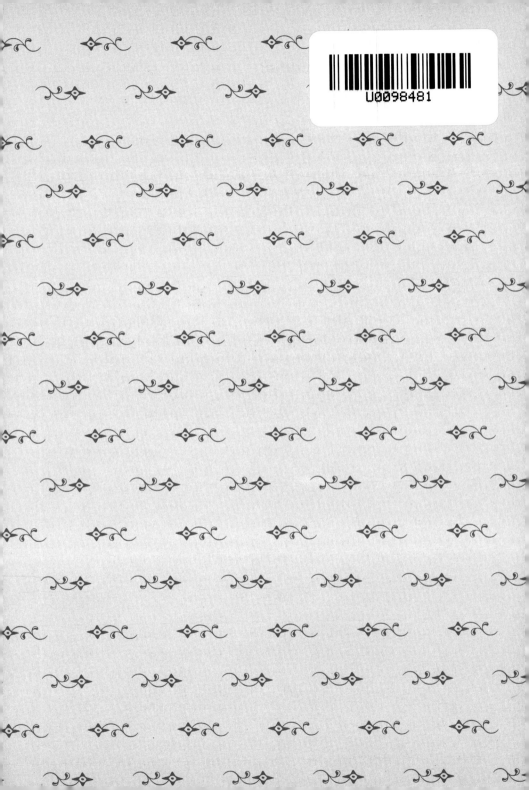

瞭解你的嬰兒

麗莎·米勒 著
(Lisa Miller)

林育瑋、鄭幼幼 譯

三民書局

國家圖書館出版品預行編目資料

瞭解你的嬰兒 ／ 麗莎·米勒 （Lisa Miller)著；林育瑋，鄭幼幼譯.--
初版.--臺北市：三民，民85
　　　面；　　　公分
譯自：Understanding your baby
參考書目：面
ISBN 957-14-2413-7 （平裝）

1.嬰兒心理學

173.19　　　　　　　　　　85002994

國際網路位址 http://sanmin.com.tw

ⓒ 瞭解你的嬰兒

著作人	麗莎·米勒 (Lisa Miller)
譯　者	林育瑋　鄭幼幼
發行人	劉振強
著作財產權人	三民書局股份有限公司 臺北市復興北路三八六號
發行所	三民書局股份有限公司 地　址／臺北市復興北路三八六號 郵　撥／〇〇〇九九九八——五號
印刷所	三民書局股份有限公司
門市部	復北店／臺北市復興北路三八六號 重南店／臺北市重慶南路一段六十一號
初　版	中華民國八十五年九月

編　號　S 52069

基本定價　叁元陸角

行政院新聞局登記證局版臺業字第〇二〇〇號

有著作權·不准侵害

ISBN 957-14-2413-7 （平裝）

盧序 — 愛他・請認識他

　　淘氣「阿丹」上學的第一天，帶了個「阿丹塑像」及「錄音機」到教室上課。

　　原班老師久聞「阿丹」盛名，第一天上課就請病假，由代課老師上課。代課老師問阿丹怎麼才剛上課就「不安於室」的搬出「塑像」和「錄音機」。阿丹指著阿丹塑像說：「『他』是來代替我上課的，你瞧！他最乖了，不吵也不鬧！錄音機是用來錄音你講的課，因為我媽媽說你講的每一句話我都要記住。有了這些道具，我是不是就

可以出去玩了呢?」代課老師說:「你簡直亂來,
怎麼可以找人代替上課呢?」阿丹理直氣壯的說:
「可以有『代課老師』, 為什麼不可以有『代課
學生』呢?」

這個個案裡說明了當今教養與教育上的諸多
問題,如果父母與老師瞭解孩子的發展與需求,
也許「暴走族」的孩子就不會產生了。為了讓2000
年的臺灣孩子有更生動活潑,以及更人性化的學
習環境,上至教育部、教改會,下至民間各個團
體紛紛卯足熱勁,扮起教育改革的「拼命三郎」。
在參與及推動教育改革的過程中,我和一起工作
的老師、父母們有快樂歡愉的經驗,但也有黯然
神傷的時候,最重要的原因在於成人往往忽略孩
子各個階段的發展與個別差異的需求,這也正是
現今「教育鬆綁」窒礙難行之處,真愛孩子就必

須為孩子量身訂做適合孩子成長的學習環境。

　　三民書局為使父母與老師對孩子的發展能更瞭解與認識，同時對孩子的各種疑難雜症，能有「絕招」以對，將採由E. 奧斯朋(E. Osborne)主編「瞭解你的孩子」(*Understanding Your Child*)系列叢書，聘請學理與實務經驗俱豐的專家譯成中文以饗讀者。希望藉此，讓父母與教師在面對各個不同的個案時，能迎刃而解。同時在「琢磨」孩子的過程中，也能關照孩子的「本來」。

　　從初生到二十歲這一成長階段的關注與指南，在國內的出版品中仍屬少見。除了謝謝三民書局劉振強董事長及編輯同仁的智慧與愛心外，更盼你從這些「珍本」中，細體孩子追趕跑跳碰的童年，以及狂狷青少年的生理與心理上的種種變化與特徵。

愛孩子是要學習的，讓我們從認識孩子的發展與需要著手，然後真正的「因材施教」，使每個孩子健健康康、快快樂樂的成長與學習。

盧美貴

於臺北市立師範學院

民國85年8月1日

診所簡介

泰佛斯多診所 (The Tavistock Clinic)，1920
年成立於倫敦，以因應生活遭遇到第一次世界大
戰破壞之人們的需要。今天，儘管人與時代都已
改變了，但診所仍致力於瞭解人們的需要。除了
協助成年人和青少年之外，目前泰佛斯多診所還
擁有一個大的部門服務兒童和家庭。該部門對各
年齡層的孩子有廣泛的經驗，也幫助那些對養育
孩子這件挑戰性工作感到挫折的父母。他們堅決
表示成人要盡早介入孩子在其成長過程中所可能

出現的不可避免的問題；並且堅信如果能防患於未然，父母是幫助孩子解決這些問題的最佳人選。

　　因此，診所的專業人員很樂意提供這一套描述孩子成長過程的叢書，幫助父母們認識孩子成長過程中的煩惱，並提供建議以幫助父母思考其子女的成長。

著者

　　麗莎・米勒 (Lisa Miller) 從牛津的一所大學畢業之後當了一名教師。她曾在倫敦的泰佛斯多診所接受兒童心理治療師的培訓，現在服務於該診所的兒童家庭部。她的時間分別用於臨床工作和教學，並且負責五歲以下兒童的輔導服務，為所有關心嬰兒與幼童的父母與準父母們提供多達五次的訪談。

　　她已發表的論著包括與瑪格麗特・羅斯金 (Margaret Rustin)、米歇爾・羅斯金 (Michael Rustin)

和朱蒂・夏特華茲(Judy Shuttleworth)合編的《密切觀察嬰幼兒》(*Closely observed infants*)：它敘述了泰佛斯多診所首創的觀察嬰幼兒的方法。

麗莎・米勒已婚並有四個孩子。

目錄

三個月——我們在哪兒？／愛與信任的發展／

煩惱與困難的處理／其他困難——睡眠與餵食

的問題——與父母心靈的聯繫

關係的發展／保護與激發／融入世界／感應性

與敏感性／記憶與思考／遊戲與溝通

繼續成長：混合餵養與長牙／回到工作：重新

開始工作的母親

出現與重現／爬行／斷奶／成長的努力：想要

你無法擁有的東西／走出嬰兒的階段進入幼兒

階段

前言

生命中的第一年是一段極重要的時期。人們

逐漸瞭解到嬰兒除了溫暖、食物和清潔這些物質

要素之外，還需要更多的東西。當然，嬰兒一直得到人們的關注、體貼、愛護和擔心；但是，人們也是經過一段相當長的時間才瞭解到這類東西對嬰兒的健康發展是絕對必要的，沒有合適的營養和清潔，嬰兒的身體不可能成長。同樣的，沒有足夠的關懷和慈愛，嬰兒的心理——他的感覺、心理、智力和情感也不可能健康成長。

　　當然，你也堅信這一點，否則就不會來閱讀這本小冊子了。本書主要討論嬰兒情感與思維的發展，及其人際關係重要能力的相應發展——隨著理解的加深，獨立性的增強，人常在喜好及不喜好間掙扎，並要應付喜悅及恐懼。父母不由覺得他們的嬰兒是令人深思令人寵愛的小生命，即使有時也令人擔憂。本書抱著同樣的興趣想與父母們一起討論，希望通過我們自然而必須的鼓勵，

幫助父母理解孩子。

並非只有父母想瞭解嬰兒，嬰兒本身也強烈需要被瞭解。他們需要父母接受他們的溝通模式，且明白他們所要表達的意思。嬰兒與父母之間的聯繫應當是相互的，這一點如何強調都不過分，我們會再詳述。嬰兒從一開始就非常的努力以達到與父母的溝通。他們激發起父母心中的情感與反應，正如父母對嬰兒所作的一樣，這是一種雙向的過程。

　　每個嬰兒都是獨特的,每個家庭也是獨特的,因而一本書不可能提供任何一種精確的建議。本書力所能及的只是開啟幾種思考的可能性。有時,我們這些為人父母者需要仔細考慮的是:我們身上的古怪之處、我們自己的長處及短處,為何嬰兒做某件事時我們會覺得失望,而他們做另一件事時我們卻覺得是自己的一項成就?為何某件事令我們歡欣,而另一件事卻令我們困惑不解?對一個嬰兒來說是對的,對另一個嬰兒來說卻是錯的,這又是怎麼回事呢?哪些對所有嬰兒來說是普遍需要的,而哪些必須因孩子及家庭而有差異呢?

　　當你努力瞭解你的嬰兒時,他們也正在努力瞭解你。嬰兒並不愚蠢,相反,他們是相當聰明,且是不斷求進步的小生命,但他們仍未定型。他

們對世界或對自己是一無所知。在出生至一歲這個階段，他們有太多的東西要學。嬰兒從母親腹中哇哇落地時，相當生疏及脆弱，一年後卻成為一個牙牙學語、獨自活動、結實而又有個性的小小人，這個過程簡直像嬰兒的哭聲那樣轉瞬即逝。在以後的生命中決不可能像生命的第一年那樣迅速的成長。

很難找到稱呼嬰兒的方式。應當稱嬰兒為他、她還是它？沒有人能提出使任何人都滿意的答案。稱呼嬰兒為「他」，聽起來有點像性別歧視；稱呼嬰兒為「她」，好像忽視男孩子，而稱呼嬰兒為「他」，又好像忽視女孩子；稱呼嬰兒為「它」，聽起來相當粗魯。為清楚起見，有時我稱嬰兒為「他」，稱照料他的人為「她」，當然，並非所有的嬰兒都是男孩，並非所有的照顧者都是女性。

第一章

開　端

母親腹中的九個月

孕期持續九個月似乎是件幸運的事情。因為這給
一位婦女，或者即將成為父母者一段時間來建立一個
觀念——即嬰兒將要降臨了。懷孕與嬰兒的出生都是

非常普通的事情，因為我們都是自母親腹中哇哇落地的。然而每個新生兒都是獨一無二的，且每次懷孕都是獨特的。這一點可從兩個方面來說。首先，每次懷孕都是全然不同的生理體驗。在一個很健康的懷孕過程中，嬰兒可能小而活躍，母親一直精神飽滿。然而另一位孕婦，可能因為嬰兒重了點，而時常覺得行動累贅，且有壓迫感。有些孕婦在清晨會感到噁心，另一些人（有時甚至同一個人）根本不會有噁心這種痛苦。其次，每次懷孕在心理體驗上也是不同的。一位多年未孕直至四十歲才懷上孩子的婦女，與一位二十歲因懷孕而中斷學業的大學生，是會有不同的歡欣和憂慮的感受。懷第一個孩子的單身母親與已婚且有一個大家庭的母親會有不同的想法與計劃。生理與心理狀況會共同決定著懷孕時的經驗。

　　幾乎每次懷孕都會參雜苦痛與喜悅的感覺。所有

的父母必須試著處理他們之間的衝突。「我們想要一個
孩子，但是我們現在就要他嗎？」「我覺得我是想要孩
子的，但我從未想到懷孕會使我感到那麼不舒服。」「我
們感覺很興奮，但蘇珊(Susan)很擔憂——她擔心孩子
會有殘障或其他疾病。」「我的婆婆變得很難以取悅。」
幾乎所有婦女或夫妻在懷孕過程中都會感到疑慮不安
且又歡欣快樂。

　　這一方面是因為懷孕的情況：這次懷孕是否受歡
迎？是否有醫療方面的問題？為什麼會有這種錯綜複
雜的情緒呢？同時也因為一個無可避免的事實：當懷
孕時，每個人對這個將要誕生的嬰兒都有著很多的想
法和先入為主的觀念。也許有人會說我們準備從孩童
時期重新塑造一個自己。記得托兒所裡的孩子多麼喜
歡玩扮演爸爸媽媽的遊戲。孩子們對懷孕的母親和小
嬰兒都非常感興趣。大多數人在青少年期和成人初期

對於他們未來可能的孩子常有一個既定的想法。無論是過去還是現在，我們與父母、兄弟姐妹以及伴侶之間的關係，對於我們為人父母有著頗為重要的影響力。對於扮演一個好或不好的父母親，以及對於自己承擔這個重大職責的能力，我們事先都有著意識或無意識的一些看法。

有了孩子是件令人滿懷希望且又樂觀的事情。大多數人感到這種創造的工作是相當重要且又神秘、令人感動的。我們都希望嬰孩會成為小天使，但又害怕他可能會是小惡魔。而勝利、激動和成功常會遮蔽其過程中所出現的矛盾與懷疑。「新生兒總是好的」，老一輩們常是如此說的。

在母親腹中孕育對嬰兒來說有什麼意義呢？母親逐漸瞭解到她將有一個嬰兒，且這個嬰兒也準備在母親體外生活。經過七個月妊娠期出生的嬰兒無疑也有

能力存活，而且他們在很多方面具有和足月出生的嬰兒一樣的能力和反應。所以我們可以推測，在妊娠的最後幾個星期，嬰兒能夠感受到發生的事情。例如研究發現，胎兒對音樂有反應。同樣的，嬰兒也能聽見母親的聲音，更不必提父親和哥哥姐姐的聲音。實際上，新生兒常轉向母親聲音的方向，好像他們辨認出這種聲調。由此可見，嬰兒不僅在生理上被創造，他的心理及感情的每一細節部分也被認真創造著。

出生

讓我們繼續來思考嬰兒的經驗。出生對他們來說意味著什麼呢？他們必須放棄母親體內的生存環境。在那種生存環境裡他們被緊緊擁抱，與母親渾然成為一

體，母親滿足他們全部的需要，在那裡不存在匱乏、隔閡和距離。嬰兒並不知道做一個獨立的個體是如何，飢餓、寒冷、無助與孤獨又是什麼樣子。接著，這小小且緊緊的世界開始震動，經過一段時間的掙扎（有時這段時間持續比較長），嬰兒被擠出並進入這個他們全然陌生的世界。從出生的第一分鐘起，嬰兒就需要獨立呼吸，否則他無法生存。

　　所以，出生對嬰兒來說是一次決定性的改變。實

際上，這是人生一場極好的戲。這件事對母親或是嬰兒都是非常劇烈、驚天動地的，我們不可能指望這一切很快恢復原狀。母親希望儘早恢復正常生活，這是完全可以理解的，但是，「照常營業」卻又是容易引人誤入歧途的。現在，母親儘可能快速的從床上起來四處奔走，這當然無所謂，只要她們和家人都不要忘掉有件重要的事情發生。「不要太早脫下晨袍」，一位來探望年輕母親的老婦人說。這句由衷而實際的話有幾分是說，妳如果看起來顯得能幹而正常，大家會忘記妳剛生過孩子而希望妳重新開始像以前一樣工作。人們承認：初為人母的母親與新生兒需要一些時間來尋找他們之間的聯繫且使這種聯繫變得更穩固。有一天，兩個年輕的母親在校門外聊天，其中一位抱著一個小嬰兒。另一位母親很真誠的笑著對她說，「分娩是一場感情上的大破壞，不是嗎？」

現在，大多數嬰兒都在醫院裡誕生，其好處是很明顯的。醫生往往大力提倡「安全總比後悔要好」，當然，能得到良好的醫療處理對人們來說是一種安慰。然而重要的是，不要因為得到醫生幫助，而失掉太多家中分娩所能保留的親密性。經歷醫院分娩和家中分娩的父母幾乎都更喜歡家中分娩的方式。原因是他們認為家中分娩不會失去任何親密性。整個激烈的過程是私人的秘密，所有分娩過程中所喚起的情感在家庭中激盪。這種時候情感總是被激發，很少有婦女對醫生和助產士在分娩前和分娩中給予的照顧不抱有一大堆矛盾的感情。然而在家中分娩的話，因父母對助產士比較熟悉，所以比起在醫院分娩，在她最為脆弱的時刻交由旁人照料，整個過程會比較親切和善。

丈夫陪伴妻子分娩是很重要的。現在常有這樣的問題：嬰兒出生時父親是否應當在場。對一些夫妻來

說，丈夫陪伴並鼓勵妻子分娩是不可少的，另一些夫妻也許有不同的看法；當然，每個人對生孩子都有自己的個人見解，這點需要尊重。可是丈夫如果對陪伴妻子分娩仍有點舉棋不定，那麼有一點是值得提醒大家注意且記住的——在那些陪伴妻子分娩的丈夫中，很少有人會對此事感到後悔。

由於分娩確實是件困難甚至危險的事情，因而有必要注意一下婦女在分娩中的不同反應。有些母親由於生下一個健康嬰兒而十分的安心，其痛苦的經歷一下子就過去了，而另一些人則需要很長時間來瞭解及消化此次經歷，她們可能會一遍遍重述此次經歷，想明白當時出了什麼差錯，以及這對她們來說代表什麼意義。

從嬰兒的觀點來看，儘早與母親接觸是必要的。當人們談到母親與嬰兒之間的聯結(bonding)時，常會

使用「聯結」這個詞句。嬰兒未來的一切發展都依賴於一位看護者給予嬰兒忠誠且不間斷的照料——當然，最好的情況是，這位看護者就是他的母親。「聯結」在嬰兒一出生時就開始。現在醫院已經注意到應儘早讓母親擁抱她的孩子，讓嬰兒一出生就能吮吸到母親的乳汁。有時我們會發現嬰兒一出生就敏捷、專注又有目的的尋找母親的乳頭。蘇珊娜(Susanna)的母親說：「她彷彿出生前就懂許多事情！」她描述蘇珊娜如何面對面凝視她，接著注視母親的乳房、銜住乳頭，開始大口大口的吮吸起來。

　　然而嬰兒之間還是有很大差別的。例如弗朗西斯(Frances)經過長時間的分娩才出生。她出生時母親就不得不服下很多藥。弗朗西斯生下來後一直睡著，很難餵奶，她不吃不動的躺了好幾天後才慢慢消除分娩的影響，開始恢復生氣，對外界產生興趣。西蒙(Simon)

卻不同，母親經過一段很短的陣痛就在家中把他生下來，不用服任何藥物。第二天早上醫生來看望躺在嬰兒床裡的西蒙，他說，「哦，他睡得真熟。」西蒙的確睡得很熟。沒有什麼理由的，西蒙也和弗朗西斯一樣睡了很長的時間才蘇醒過來。我們只能將之歸結為嬰兒之間的氣質差異。每位嬰兒的個性在出生前後就已經形成了 —— 他們對於發生的事情會以自己的方式來作出反應。

嬰兒處理困難的能力不同。大多數嬰兒精神充沛，一旦他們的需要得到滿足就會從不安的狀態中平靜下來。愛瑪(Emma)是老三，母親生下她之後感到非常挫折，因為不能抱她只能看著她手腳亂搖的吃奶。愛瑪的母親瞭解這並非一生中最好的時刻，但她相信能補償愛瑪，她也確實做到了。馬休(Matthew)出生一星期就被收養，他的表現更加特別，養母很快便發現馬休

期待及渴望親近她。當養母滿足他的要求，馬休的煩躁不安馬上徹底消除了，這種煩躁不安如果不消除，可能會使一個比較緊張的孩子變得更難哄，難以平靜且又難親近。有些嬰兒一出生就非常敏感，所以需要特別的照顧與幫助。在下一章我們會談到新生兒接下來的需要。

　　在結束這短短的第一章之前，再補充談談嬰兒出生後的哭泣。母親和父親（不包括兄姐）會有好幾個星期一直情緒起伏（我們將在下文討論這一點）。母親在分娩後的頭幾天裡常會被嬰兒獨特的悲傷和哭聲擾得心緒不寧。分娩後，母親的荷爾蒙肯定會大量分泌，隨之而來的還有強烈的感情因素。當分娩的欣喜，創造新生命的喜悅過後，接踵而來的可能是一些衝擊。很多母親說，「唉呀，他在肚子裡的時候，可沒有那麼麻煩。」嬰兒一出生就開始令人擔心。更進一步說，母親

常會有一種失落的感覺，曾在體內的東西現在在體外了。母親，當然還有父親以及整個家庭——但最主要的還是母親會感覺到，在得到一個小生命的同時，生活也完全亂了方寸。母親體會到超乎尋常的責任感(尤其當這個嬰兒又是第一個孩子)，這種責任感只有經過一段時間之後才能在母親心目中找到合適的位置。她常常感到失落、渺小及不成熟，她需要別人給予大量的支持。甚至有經驗的母親也會在嬰兒出生的頭十天感到心神不定。當助產士在一位有五個孩子的母親的記錄卡上寫上「平安無事」代替了「產後期」(嬰兒出生後的十天)時，這母親認為這個助產士懂得太少了，因為在這段期間母親的情緒會是錯綜複雜的。

第二章

最初的日子

熟識

　　嬰兒出生的頭三個月是相當艱難的。我在上一章最後曾談到母親常常感到失落、渺小又不成熟。事實上嬰兒也有同樣的感受。由於嬰兒不會說話，他們可能對一大堆全新的經歷感到茫然。在嬰兒的成長中有幾件必不可少的東西。嬰兒需要一個重要人物來照顧他們，此人並不一定是他的生母，稍後我們便會瞭解這一點。真的有必要將嬰兒的需要列個表，不過，我們很快會發覺這個工作最好不要只由一個人來承擔。如果你要隨時注意嬰兒二十四小時的需要，你可能需要別人的幫助、陪伴及精神上的支持，而嬰兒的父母親

互相陪伴照顧孩子是最好的方式了。

　　有一家庭多了個新生嬰兒約翰(John)，於是各式各樣幫助母親與嬰兒的行動就展開了。首先，約翰的父親請了兩個星期的假，對這個特殊的家庭，這是件相當重要的事情。嬰兒的出生並不順利，約翰必須接受好幾天的特別照料。他的母親病得很厲害，幾乎無暇感受嬰兒出生帶來的喜悅。父親從一開始就充當起母親不可少的支持者，他記得嬰兒出生的每一個細節，不斷向妻子描述孩子出生時的樣子、所發出的輕微聲音、緊接著發生的事情及所有醫生和護士說過的話。他分享了看到嬰兒滿是皺摺的小臉時的擔憂心情，及知道事實上他是個健康、完美嬰兒後的釋然。

　　夫妻倆回到家時感到極為高興，但對於新出生的嬰兒、新的小床和每樣全新的東西，他們仍有些緊張不安。他們似乎還未習慣父母親的新角色。在第一個

星期裡約翰的母親常覺得難以支撐。她對母乳餵養感到矛盾：是否用奶瓶額外給嬰兒餵奶？約翰能吃多少奶？她的乳頭會不會痛？日益增多的髒衣服以及母親們在所難免的雜亂事物令她不知所措。此時，父親的在場極為重要，因為他會與母親一起合力工作。有時當約翰在吃奶的過程中哭個不停時，父親也會像母親一樣感到困惑。不過大多數的時候，他們似乎都能成功處理周遭事物。約翰的父親還是相信妻子有能力照顧好孩子，他可以站在一邊，鼓勵妻子並且當個幫手。

這位母親得到英國慈善機構——國立分娩基金會(National Childbirth Trust)的一位婦女的支持及幫助，這位婦女對餵母乳有很多實際的經驗。她也請住在同一條街上的一位耐心、開朗、熱情且育有好幾個孩子的母親來協助。之後，父親重回工作，母親則邀請她的妹妹住在一起，並使妹妹初次體驗如何做一個善於照

顧約翰的人。

許多母親做得比約翰的母親少。不過在所有的國家中，人們都考慮到母親和嬰兒的需要，提供他們幫助和支持。像約翰的母親，她就熬過了一段艱難的日子，在這一點上她和西方國家的母親們是沒有任何差別的：孩子的出生似乎使母親失去一切賴以確認自己身分的東西，而又需要時間來確立一個新的身分。女人在懷孕前無論扮演過什麼角色——理髮師、教師或者繪圖師，都有相當的能力且能在社會上立足。但一旦當了母親時，她忽然發覺自己在做母親方面懂得太少，只能從頭學起。

基本要素：擁抱、清理與餵養

簡而言之，嬰兒的需要不外以下幾種：擁抱、保暖、餵養以及清潔。以下我將針對上述生理需求逐一探討，並敘及這些身體上的需要亦在心理上與情感上有等量需求。

擁抱是嬰兒需要中的首要。沒有一個嬰兒可以被扔在一邊而任其自生自滅，他需要人們抱他，把他帶在身邊，讓他緊貼在你的懷裡。他也需要保溫。很明顯，嬰兒害怕從你的懷中摔下去，你要緊緊抱著讓他感到安全。在母親子宮裡嬰兒就是從頭到腳被擁抱著，現在在母親的體外，他們需要重塑當初的情境。你經

常可以看到嬰兒躲到小床的角落裡，似乎竭力尋求庇護。嬰兒最早體驗到他的存在與否，是來自於他被母親擁抱或餵母乳或牛奶的經驗。

　　擁抱，並在擁抱的同時給予令他感興趣的東西，這對嬰兒的生命來說是相當重要的。嬰兒本能的尋找母親的乳頭或者奶瓶上的奶嘴，他把它們作為整個生活的核心。人一生中離不開幾樣互有關聯的要素：一個支持我們的架構和組織，以及讓我們能往前進的工作。這對嬰兒或是母親，都是件很困難的事情。嬰兒不只需要母親在身體上的擁抱，也需要母親在心理上的關心。英國著名的小兒科醫生及兒童精神病學家，D. W. 維尼科特(Winnicott)曾談到「基本的母性關注」，他指的是母親在嬰兒出生後的幾天或幾個星期裡必須具備的一種心理狀態——即一位母親要無時無刻想著她新出生的嬰兒。嬰兒也需要母親這樣對他，他需要有

人關心他、專注於他。母親要設身處地為嬰兒著想，一直到嬰兒開始有能力為自己考慮。實例上也表明，嬰兒如果缺少這種基本的關注，他們會覺得瞭解外面世界是件相當困難的事情，而長大後也很難成為一個反應靈敏的人。

下面這個例子將談到一個嬰兒遇到的一些問題。這些問題也有趣的說明了嬰兒不僅需要身體上的擁抱，也需要心理上的關心。

艾拉(Alla)才幾個星期大時，她的母親就去尋求專家的協助。因為艾拉緊張不安，不停的哭，弄得身邊的人很驚慌。在夜裡艾拉特別會哭，她不睡覺也不讓母親睡覺。艾拉的哭聲令人煩惱不安，不僅是艾拉的母親，連其他人也從未聽過這樣的哭聲。看了許多次醫生並對艾拉作了徹底的檢查，卻沒有發現任何身體上的原因。艾拉的母親，貝蒂·道森(Betty Dawson)絕

望的講述了她的故事，她覺得自己再也無法忍受了。

　　貝蒂訴說她目前遭遇到的麻煩，諮詢人員很快意識到，使貝蒂不安的原因。因為她是位單親媽媽，她與自己的母親合不來，與艾拉父親的相處也充滿著痛苦與煩惱。諮詢人員聽著貝蒂的敘述，為她所遭遇問題的嚴重性深感擔憂。

　　同時，諮詢人員也在觀察艾拉。艾拉放鬆的躺在母親的膝蓋上，當她哭時，母親便餵她奶，可是艾拉並沒有全神貫注的吮吸，每次餵奶都不能有始有終。母親擁抱艾拉時不緊也不鎮定，隨隨便便的讓艾拉銜著乳頭吮吸。當然，因為艾拉太小了，她不可能用手或腳抓住任何東西。她所有的精力都集中在嘴上，但是乳頭不斷的從她的嘴上滑落，艾拉必須自己再次努力銜住它。

　　貝蒂・道森講完她的苦惱後，工作人員對貝蒂・

道森的憤怒、沮喪，尤其是她對孩子的掛念，簡單的發表意見。接著，話題轉向艾拉，他們說艾拉似乎緊張而恐懼。當他們把艾拉的情況解釋為情感方面的原因時，母親略微鬆了一口氣。他們認為艾拉可能是被驚嚇而非生病。諮詢人員認為貝蒂‧道森可能因為自己有太多的事情要擔心了，所以無法顧及艾拉的需要。當貝蒂離開診所且答應一星期後再來時，醫生並不覺得擔心。

當貝蒂第二個星期來診所時，她說艾拉有進步了，艾拉已能夠很平靜的睡覺。貝蒂曾經仔細回憶著她與諮詢人員的談話，當她反覆思考時，她想起了諮詢人員的一句話，即「嬰兒需要被注意」。她馬上意識到自己給艾拉餵奶時從不看著她。從那時起，當她給嬰兒餵奶時她特意注視著嬰兒。結果，艾拉的感覺明顯的好多了。

也許艾拉不再感到孤獨，她感覺到母親體會到她的心理，陪伴著她，她感受到母親的擁抱和關注，對外界事物開始變得敏感了。貝蒂・道森也接受了諮詢人員的建議，緊緊擁抱艾拉，使艾拉舒服的躺在母親的懷裡。

什麼因素引起這種改變呢？艾拉為什麼感到煩惱及如何解除這些煩惱呢？當然，新出生的嬰兒總會哭的，有的很會哭，對於這一點我會再加以說明。嬰兒的哭泣主要是一種溝通。艾拉陷入一種絕望狀態之中，正如一個人狂亂地發出緊急信號，卻沒有被人接收。她似乎在喊，「救救我！我怕極了！救救我！有人在嗎？」卻聽不到任何安慰她的回應。

當然，她的母親也在場，但她不能夠好好注意艾拉，不能夠為她考慮，也不能夠想辦法去理解她為何會如此苦惱。為何母親沒有這樣做呢？也許是因為貝

蒂自己感到孤獨、無助、失落，以至於無暇顧及艾拉
的感覺。事實上，這些事情使母親非常困窘，她覺得
自己不像一個有能力的成年人，反而像一個小女孩因
為處理一件力所不能及的事情而擔憂受怕。

　　當貝蒂感到有人在關心她時，情況發生了改變。
她發現別人不光是傾聽，而且也對她的處境表示同情
時，她感到被瞭解。這種感覺即使是一點點，也令她
覺得愉快，因此使她有心情去瞭解自己的孩子。當她

開始把艾拉放在心上，且仔細考慮艾拉的需要時，她真的想到了解決事情的辦法，而且她也真的滿足了艾拉的需要，就如她能及時回應嬰兒的哭泣一樣。

　　這個例子說明了幾件重要的事情。首先，照顧孩子的母親本身也需要得到照顧。其次，如果照顧孩子的大人被嬰兒的苦惱擾得心煩意亂，將會失去對孩子的反應能力。就像貝蒂，由於她太沮喪了，以至於無法照顧孩子，後來人們才發現一個事實，原來貝蒂覺得自己也像一個需要被照顧的嬰兒。拿約翰的例子來說（上一章我們提到過他），父親與母親之間能夠相互支持，當其中一人感到驚恐不安難以勝任時，另一個人能瞭解對方的感覺，並以成年人的胸懷接納及幫助對方。

　　在艾拉的例子中，我們也可以體會到父母和新生嬰兒之間感情上的親密。父母親要非常警覺，留心嬰

兒的心靈世界。嬰兒與父母之間的溝通是非語言的，但這種溝通卻是強有力的。當貝蒂與艾拉取得溝通時，她很快就體會到艾拉的需要，雖然艾拉不會說「看著我！」，但母親仍然接收到艾拉傳達的信息。

清理

前面已說過，本書將討論新生嬰兒的基本需要，而保持清潔當然是其中之一。照料新生嬰兒的身體是件繁重的工作。一個小嬰兒會使用相當多的尿布，需要洗澡或者好好擦洗一下，此外要為他們擦乾口水、眼淚、鼻涕和嘔吐物。洗衣占所有工作中的大部分。父母們努力使嬰兒保持可愛和乾淨，他們不喜歡被人認為他們的嬰兒是骯髒且是被人忽視的。

　　保持嬰兒清潔在衛生學上有很好的理由。如果要
讓嬰兒舒適、健康，就要避免所有的病痛以及可能傳
染的疾病。對嬰兒而言，心理與生理是緊密相關的。身
體不適及痛苦的消除，無形中會使心理痛苦減輕。

　　嬰兒不僅需要身體上的清理，也需要很多心理上
的清理，就如同嬰兒生理上的排泄一樣，嬰兒也需要
去除他心中的不悅感。嬰兒的哭泣（正如艾拉那樣），
是在傳遞他們的不適感，需要別人接納及瞭解。正如
前文所提，哭泣是種溝通的方式，它包含著意義。然
而要體會其中的意義則需要成年人用感情與心靈去傾
聽了。

　　再談艾拉，她所做的事情，也是其他嬰兒常做的
──她想消除最基本的恐懼感。一般情況下，父母會
待在孩子身邊以減輕這種恐懼。擦去眼淚、餵奶以消
除飢餓、除去一塊濕漉漉的尿布，所有這些行為處處

表現出對嬰兒的體貼、照顧，它們都能滿足嬰兒強烈

的感情需要。幫助嬰兒是隨手可做的，父母可以分擔

及減輕嬰兒精神上或身體上的苦惱及痛苦。

在日常生活中，我們都傾向逃避小嬰兒那種與生

俱來的不安，我們可以舉出很多事實來證實這一點。例

如，在商店裡聽到嬰兒的哭聲是令人難以忍受的事。幸

運的是，剛做父母的人在順遂的情況下，都能抽出時

間照顧嬰兒，當然，如果嬰兒一切都非常平安，父母

們會覺得照顧他是件快樂及滿意的事情。

在這一章節，讀者可能覺得我太強調父母所需面臨的挑戰及掙扎。當然，有許多父母能順利地度過孩子生活中的這個階段。但在我的印象中，即使是最鎮定、最能調適、最能心滿意足的父母，最初的幾天或幾星期也是一段相當艱難的經驗。當然，如果所有事情都能進展順利，你或許不需要這本書也能處理得很好的了。

餵奶

餵奶，是這三要素中的第三件。如果一切進展順利，這是最能帶給人快樂的一件事情。這是嬰兒生活中的重要核心，它是最基本的吸收經驗，嬰兒往後的

各種其他經驗的吸收都是以此為基礎。因為嬰兒吸入的母乳絕不僅僅是食物而已，在吮吸的同時他也開始吸收愛與知識。他們身體在成長，心智也同時在成長。當你從生理的角度來考慮食物對生命的重要性時，你會發覺，從心理角度來看，整個哺乳的過程也是非常重要的。

嬰兒的食量是這麼的大！他們是如此的不同！嬰兒開始瞭解自己及瞭解別人。在一個非常親密關係的

情境下，嬰兒開始體會到各種類型的感情。首先，毫無疑問的，新出生的嬰兒會體會到一種需求感——尋找乳頭，設法吮吸到母乳，嬰兒最早感受到需求得到滿足。但在這件事情上也會有許多微妙的不同。

例如喬治(George)是家裡的老三。才幾個星期大時，他一天要喝很多的奶。六點差一刻左右，喬治逐漸從幾個鐘頭甜美的睡眠中安靜的醒過來。他的小床就在母親的床邊，母親溫柔而悄悄的幫他換尿布，餵他奶，此時屋子裡其他人還睡著。母親的乳房漲滿了乳汁，喬治卻腹內空空，他飽餐了一頓。

不過，從飽餐到下次餵奶這段時間中，喬治被吵吵鬧鬧的哥哥們所打擾，母親不得不把喬治放進嬰兒車裡一起送哥哥們上學。當他們回來時喬治的尿布已經又髒又濕，母親就幫他洗澡。洗完澡時喬治已經哭得很厲害了。他經常處於被人打擾，長久等待，被人

推推撞撞，不能舒適的躺在母親懷裡吃奶的狀態。開始時喬治的凝視中帶有些敵意，後來緩和了一些，而在第二次吃奶時，喬治吃得不多，就睡著了。

但是，喬治還是睡得很好，醒來時又有不同的經驗——母親一邊幫他換尿布，餵他奶，一邊與他說話，逗著他玩。不久，有個朋友來拜訪，喬治成為被讚美和討論的話題，餵奶的氣氛因為第三者的加入而有了改變。

傍晚，母親把男孩們從學校接回家後，感到有點疲倦，喬治又變得暴躁而不安。母親為了安撫他又餵了他幾次奶，但都沒有好的效果。母親不可能把注意力全放在喬治身上，因為母親感到煩躁且疲倦。睡覺前母親的奶水更少了。喬治被抱在懷裡走來走去，最後母親把喬治交給父親抱，喬治一直安靜不下來，直到父親把大男孩們哄上床，疲倦的母親才鬆了一口氣，

平靜下來，她抱著喬治餵了很長一段時間的奶，此時喬治不僅得到奶水，而且得到更多關心、愛的擁抱。

　　喬治經驗了各種的情緒。這些情緒都與母親的存在有關。在最初的日子裡，一個穩定看護者的在場和對嬰兒的注意，無疑是嬰兒成長的基礎。父母給予嬰兒的不僅是奶水，也包括他們的愛撫，讚許和愛，正是這些使嬰兒覺得自己是一個不錯的人，能得到愛，並能給予回報，這一點極為重要。嬰兒常會感到憂鬱及悲哀，他們需要獲得希望與慈愛，而這些往往在母親餵奶時需要不斷補足及供給。

問題：母乳好還是牛奶好？定時餵養或依需要餵養？

這裡要討論嬰兒出生幾星期內就會出現的餵奶問題——母乳或牛奶，哪個對嬰兒較好？

　這個問題正如其他問題，不能簡單且絕對的回答，答案總是像「依情況而定」之類的回答。然而應當記住，餵母乳與餵牛奶都能給予嬰兒一個良好、健康而滿意的生活開端。

　母親的決定或父母共同的決定是由多種因素促成的，不光取決於母親對餵養嬰兒的看法。在開始的幾天裡，許多母親對於自己是否能正確餵奶缺乏信心或感到動搖。自己的奶水有沒有問題？夠不夠？為何嬰兒那麼會哭？母親需要幫助、支持和鼓勵。看到奶水從奶瓶流入嬰兒的口中，這過程較少會引起不安。較少餵母奶的母親能在前兩三星期克服餵奶的不安情緒。如果你對此感到猶豫不決──也就是說在嬰兒出生前不能決定採取何種方式，你可以給自己和嬰兒一個選擇的機會。正如我在前面所指出，有些嬰兒是比其他嬰兒更容易餵養的。

成功的母乳餵養能幫助初為人母者建立信心。其優點之一是加強母親與嬰兒之間的關係。讓嬰兒躺在懷裡餵奶是件方便而有趣的事情。如果是餵牛奶，也要讓嬰兒認識主要的一個人。這種早期餵養的經驗會幫助嬰兒建立往後的依附關係。

　　再重申一次，這是一個純屬個人的問題，答案會因家庭而異。事實上，常有這樣的情況發生。新生兒在剛出生的時候需要大量的細心照料，他們需要我們去順應他們。在前六個星期左右，大多數母親都覺得自己只能把其他工作放在一邊，才可以每時每刻照顧嬰兒。

　　可是逐漸地，照顧嬰兒的父母發現他們應當在這個擴大了的家庭中定位，同時也應該對嬰兒一天的生活作更有益且更合理的安排。對嬰兒生活作刻板的安排已經過時，父母們認為嚴格按照鐘點餵奶是既不仁

慈又不明智的做法。當然，彈性中再加一些規律也是重要的，否則，一整天亂糟糟過去，父母與嬰兒都不知道他們在做什麼。許多父母說帶第二個嬰兒時會覺得得心應手，因為他們已有了既定的養育模式。但那些第一次養孩子的父母卻不同了，所有事情都必須身體力行且從頭學起。

總而言之，最初的幾個星期是一段繁忙而令人興奮的歷程，嬰兒發現了一個母親體外的世界，這個世界充滿了父母的聲音、凝視、情感和氣味，也充滿了奶水和親密的接觸。當然，你的嬰兒也在發掘他們自己充滿感覺和情感的內心世界，並且也在尋找如何將自己的內心世界與外部其他人的世界取得聯繫的方式。

第三章

初成長的嬰兒

最初的幾個星期，父母要花大部分時間來照顧嬰兒——這幾個星期有的父母覺得轉瞬即逝，有的父母卻覺得彷彿永遠過不完。現在讓我們談談嬰兒在第一年中間幾個月的生活。首先，談談嬰兒在這三個月裡長大了多少；然後，討論隨著嬰兒身體的成長和溝通能力的加強，他的心理是如何發展的。

三個月——我們在哪兒？

許多父母覺得三個月大的嬰兒正處在成長的分界線上。父母可能覺得有些自豪，因為最初幾個星期的混亂日子已經過去，接下來的日子會更順遂，而嬰兒看起來也有點像一個真正的人了。

從嬰兒的觀點來看這意味著什麼呢？嬰兒的經歷

更複雜了。在此時期發生了兩件非常重要的事情：第一件事是，在這個時候嬰兒已經能夠集中注意力，他們能清楚而開心的認出他們所愛的人及事物。從出生開始，嬰兒就已經開始認識周遭的事物，如新出生的嬰兒會轉向母親聲音的方向，彷彿在母親腹中已聽過這種聲音而能分辨出來。瞬間反應到現在已變得有組織，且得到了強化。嬰兒已有了記憶。他的心理也正在成長中，他已經可以不費力的盯住東西看，也可以不費力的集中思想。他不光用手去抓住東西，同時也以思維過程去領會它們。他審慎的擴展他的知覺世界。

第二件重要的事情是，嬰兒能用很確實的方式，區辨出自己喜歡和厭惡的東西。同樣，這個過程在嬰兒剛出生時就已經開始。嬰兒總喜歡溫暖的奶水而不喜歡肚子痛。但所不同的是，現在他能知道自己喜歡一樣東西，不喜歡另一樣東西。以嬰兒的笑容為例，嬰

兒從剛出生時就會展露的一種與生俱來一般性微笑的表情，但三個月後，他能以發展完全的微笑來歡迎他的父母親。

我們討論嬰兒的成長，而這種成長在這三個月之前就已開始，並且會一直繼續發展下去。無論如何，這種成長在第一年中間的這幾個月中表現得特別有趣，特別明顯。

愛與信任的發展

從一開始，我們生命中就充滿了好與壞、喜悅與不悅的交戰。我們個性的基礎在幼兒時期就會形成，我們處理周遭事物的情感、態度與嬰兒時期所得到良好及肯定的經歷有很大關係。

沒有人所有經驗都是愉悅的。不過，在嬰兒時期，是否好的經驗超過壞的經驗是相當重要的。父母們能幫助啼哭的嬰兒，依賴食物來消除嬰兒的飢餓感。但事實上，父母並非都能聽到孩子的哭聲，過多的食物也會使嬰兒消化不良，這些都值得好好考慮。許多細微的事情，會帶給嬰兒希望和信任，比如溫暖他們冰冷的腳、幫疼痛的屁股塗上乳脂、消除他們的孤獨、去除他們的恐懼，這些都會使嬰兒感覺被愛，而對周遭人與事產生信任與愛。

　　同樣地，快樂的嬰兒常會得到讚許及更多的回應。他們對父母的情感依附（這是以後所有情感依附的原型）也會得到父母回應。換句話說，這些讚許和回應常使他們對自身的生存更充滿信任。

煩惱與困難的處理

　　嬰兒不是一直都是開心的；當然你的嬰兒也不是看到你時，都會感到開心。嬰兒很容易為一連串內心的情感所困擾。正如前面所提到的喬治，他發怒的時候不能夠好好吃奶，他感到自己越來越不對勁。一位慈愛的祖母抱著她剛出生的孫子，看著他生氣的小臉說：「噢，天哪，我可不是食人的女妖魔，親愛的。」我們常會按照我們的感覺來看待外在事物。但嬰兒正在學習如何依據現實、可能性和記憶來面對其所處的情境。因此，當他把祖母當成女妖魔，他會感到恐懼，此時他需要重新回到母親的懷抱來尋求安慰。

有時，容忍一個不安嬰兒的憤怒、恐懼或者不悅是件困難的事情。可是，父母如果較能體諒當時的情形，他們就會對孩子說：「你現在不太喜歡我，對不對?」嬰兒有時似乎責備我們，似乎是我們引起他們的苦惱，因為我們實際上是他們的整個世界，任何所發生的事情似乎都由我們所引起。如果我們能寬容的接受他們的這些情緒，將會給孩子一個最好的成長機會，而不會使他們覺得自己不愉快的感覺太危險，以至於很難處理。

無論如何，沒有一個人是完美的。認為教養孩子的過程中可以免去任何衝突，這是相當不正確的想法。認為我們自己可以解除嬰兒所有的痛苦和不安，這也是一種錯誤的想法，不過我們都很希望如此。有時，我們會發覺，我們並不能保護我們的嬰兒，使他們擺脫殘酷的現實。當然，太多的痛苦、打擊對嬰兒成長不

利。然而，如果父母過早的幫助嬰兒解決任何挫折或者苦惱，實際上等於剝奪他們學習的機會，使他們不能嘗試處理一些令他們不安的事情。

看著嬰兒一點點學會忍耐是養育孩子的一大藝術。從一開始，嬰兒就學著做一個獨立的人，最後必須自己處理自己的麻煩事。父母如果從來不讓嬰兒等待、讓他獨處，就不可能讓他有機會在精神上與情感上培養承受力。這是必須均衡的問題，父母必須配合家庭的特殊情況以及嬰兒的個人需要。讓嬰兒自己處理太多的事情對他顯然不會有好處，但是不讓他自己嘗試些力所能及的事也是不好的。

其他困難——睡眠與餵食的問題
——與父母心靈的聯繫

父母對於養育子女方面是有很多問題值得討論

的。每個嬰兒都有自己的需要和個性，他們的父母也

有不同的個性、希望、觀念及生活環境，這些都會影響父母對待嬰兒的方式。

當嬰兒不睡覺、不吃食物或者有任何不安時，父母們會得到各式各樣的建議和幫助，以便找到原因。這本書並不想給你暗示和祕訣，父母可以從彼此之間、從祖父母、親戚、朋友、健康視察員或其他專業人員那兒得到些實用的幫助。而本書要幫助你去思考所發生事情的意義。

如果你的嬰兒遇上睡眠或進食方面的麻煩，無論嚴重與否，你都可以從中學到處理這些問題的能力。這本書所能給予的幫助，只是告訴你嬰兒的這些問題與他的感覺有關。嬰兒如果不睡覺、時常醒來，有時是嬰兒方面的原因——覺得父母不在意他們，讓他們獨自躺著，讓他們陷入想像與夢幻的世界。不適、飢餓、寒冷、過熱、吵雜——所有這些都會令嬰兒不安。如

果嬰兒常感到溫暖、柔軟、安全，說明母親或看顧者把嬰兒照顧得很好。但有時煩惱的情緒會占上風，這種情緒如果持續太長，嬰兒的不安會深深的影響他們的父母，使他們也變得不安起來。事實上，這種不安應當被視為一種溝通：嬰兒在傳遞「我感到擔心」的信息。父母應該幫助孩子克服這種憂慮直到他們的孩子能夠自行處理。

可是，一旦存在睡眠或進食方面的問題，嬰兒的不安不僅會引起父母的不安，且會使他們之間爭鬧不休。家人感到擔憂時，嬰兒在某種程度上會呈現出自我防衛的情形。事實上，父母們往往也可從嬰兒身上尋求寬慰，發現希望、生活與樂觀。然而，如果嬰兒為父母的不安所影響，他們會更強烈的表現出不安。

一個名叫保麗(Pauline)的女嬰，她的母親沒有奶水，所以給她斷了奶，用奶瓶餵她。她腹瀉且嘔吐；康

復後，她變得相當「挑剔」，每個鐘頭都會驚醒和哭泣。現在，情況更嚴重，她的父母，尼科爾斯(Nichols)先生與尼科爾斯夫人都不能應付了。這是可以理解的，嬰兒不能吸母乳而改用奶瓶，又加上生病，如此動搖了保麗對事物的良好信心。她必須一遍遍確信父母在身邊，並非只是自己一個人在抵抗陣陣難忍的胃痛與孤獨。也許嬰兒幾天或幾星期後會恢復正常的。

為什麼保麗變得越來越絕望呢？這與保麗的母親很早就失去母親大有關係。尼科爾斯夫人失去母親時才十多歲，所以瑪格麗特·尼科爾斯(Margaret Nichols)被剝奪了其他少女在成長過程中所擁有的：她既沒有機會抱怨母親，也沒有機會得到母親的支持。她的奶水日益減少，保麗又生病，變得挑剔、愛哭、睡不著覺，所有這些使她完全動搖。她開始覺得自己是個壞母親，保麗是個壞孩子。保麗的哭聲變成對自己的責

備，她不能使保麗安靜下來，也不能使自己鎮靜下來。她年輕的丈夫又不能減輕妻子的苦惱。幸運的是，瑪格麗特從自己過世母親的一位老朋友那兒得到幫助，瑪格麗特忍不住去找她，與她談論自己的母親，為母親不在身邊而悲傷、哭泣。瑪格麗特的悲傷和不安似乎傳到保麗身上，增加了保麗的不安。這時瑪格麗特對她死去的母親不僅感到悲傷，同時還有憤怒，似乎是母親讓她不能忍受一切。當瑪格麗特的這些情緒被喚起且宣洩後，風暴也就逐漸平息下來。

令人驚奇的是，這種情況時常會發生，儘管有時會以較緩和的方式出現。父母們會回憶起生活中曾發生的事情。當有了嬰兒（特別是第一個嬰兒）時，我們似乎出現一種重新評價過去的衝動。當然，嬰兒時期、童年時期或者青少年時期發生的事情對於我們以後成為怎麼樣的父母，以及為人父母的堅強程度大有

關係。正如保麗母親，她不知如何處理保麗的孤獨、不適、以及被遺棄所帶來的不快。保麗的痛苦，又重新引出母親自己仍未解決的問題，這段小插曲幾乎使瑪格麗特·尼科爾斯夫人喪失信心及力量。幸運的是，良好的理智和正確的直覺使她找對了人，母親的這位朋友給了她所必要的幫助。

　　總而言之，不只父母對嬰兒的精神狀態很敏感，嬰兒對父母的精神狀態也很敏感。

關係的發展

　　上文已談過，嬰兒的出生改變了家庭中的每位成員。在保麗母親的例子中，我們可以發現她如何戲劇性的陷入一場混亂的情感之中，這種事情並非少見，甚

至當家庭沒有遭遇喪親的悲痛、或其他悲痛的事時，也可能發生這種事情。

在嬰兒出生頭一年的中間幾個月裡，每個人都有了一個新的身分，而且能逐漸習慣這個身分。從嬰兒的眼光來看，每一位家庭成員都是有趣的、重要的。值得一提的是，嬰兒似乎很快就會發現父母的不同，他覺得自己接觸到的是兩個獨立卻不同的個體。常會聽到父親說，「噢，當我抱他時，總是這樣。他母親抱他時，卻從未這樣。」或者類似的話。隨著第一年的流逝，我們可以發現嬰兒與家庭每一分子的關係迅速的發展著——母親、父親、保育員、保姆、祖父、祖母、哥哥及姐姐，每個人或多或少都在嬰兒的認知上加上些重要東西。

這裡仍要強調哥哥和姐姐們的重要性。他們對這位新來者必定懷有錯綜複雜的情緒。年長的孩子可能

感到非常困窘、又很嫉妒，同時對嬰兒仍有點溫和而
慷慨；一直熱情幫助嬰兒的兄姐們也常會因為旁人忽
視他們，難免會產生某些不悅感覺。在第一年裡，隨
著嬰兒的成長，年長的孩子覺得事情發生了很大變化。

　　三歲半的艾米莉 (Emily) 一開始的時候充當山姆
(Sam)完美的小媽咪。她是個聰明的孩子，早熟而思路
清晰，熱心幫助媽媽。山姆出生前，她開心的做準備
工作──準備漂亮的嬰兒小床、嬰兒衣服，此外，她

自己還移到一個可愛的新臥室。她向來訪者介紹山姆，並模仿母親的行為。當山姆（一個安靜的嬰兒）大部分時間都睡著時，艾米莉的表現非常好。但隨著山姆漸漸長大，更多的侵犯到艾米莉的生活，艾米莉忍不住逐漸把他看成對手。父母發現艾米莉的擁抱變得越來越冷漠，「完美的小媽咪」形象開始消失。顯然，艾米莉由於別人忽略她而變得不可理喻、不安、憤怒，艾米莉在嬰兒時期從未產生如此強烈的反應。儘管處理兄弟姐妹之間的爭吵是件令人頭痛的事情，然而從長遠來看，情況會逐漸變好的。像艾米莉這樣的孩子最終會對自己性格的各方面進行反思。所以請記住，人身上同時存在著善良與惡意的動力。艾米莉很想做一個好女孩，一個大女孩，但有時她又不得不與其他艱難的感覺搏鬥。

漢娜(Hannah)住在艾米莉的對面，也是三歲大，同

樣有一個剛出生的弟弟大衛(David)。漢娜的表現與艾米莉完全不同。母親懷孕時漢娜總是哭，並且老纏著母親，她可能相信再也沒有人愛她了。她對大衛不大友善，父母總是忍住責備、訓斥她的衝動。大衛是個要求很多的孩子，漢娜變得憔悴而蒼白，她得了感冒，怎麼也不肯一個人待著。可是與艾米莉相反，隨著大衛的長大，漢娜對他的態度越來越友好。嬰兒身上的一種重要本質——成長與發展的活力，使漢娜，當然也使我們任何人恢復信心。她覺得自己不應該哭鬧、嫉妒、不高興，把所有事情弄得一團糟。而大衛，也對漢娜表現出興趣和喜愛，幾乎所有嬰兒，對年長的哥哥姐姐們都會有這樣的表示。這也給漢娜很大的幫助。

從漢娜與艾米莉的例子可以看出，嬰兒也作出努力以建立與他人的關係。山姆天生是個熱心而活潑的孩子，他不覺得別人當他是個玩具，他努力與姐姐建

立相互關係。如果山姆天生消極而不堅定，事情將會不一樣了。如果艾米莉一直占主宰地位，這對她本人和她的弟弟都不會有好處。嬰兒如果太順從，而姐姐充當霸道的領導者，他們之間不可能建立良好的長久關係。如果山姆是個順從的嬰兒，艾米莉一直充當小媽咪，且為自己的表現沾沾自喜，雙方都會被欺騙。山姆會失去他的決斷力和個性，艾米莉也會失去必要的自知。這將使艾米莉感到痛苦，並使父母對艾米莉的執拗感到不安，他們曾以為她是個可愛的孩子。然而，一種真正而有益的互讓關係終於建立起來了。艾米莉開始喜歡真正的山姆，而不再把山姆想像為只是一個甜蜜的小嬰兒，山姆也發現了艾米莉的可愛，非常欣賞她，同時也不失去自己的權利。

在漢娜和大衛的例子中，大衛同樣對漢娜表示了極大的興趣，如此使漢娜變得快活起來，並使漢娜相

信一切可能都會沒有問題。他看著她，對她笑，一有可能就模仿她。當別人稱讚大衛是個可愛的嬰兒時，她感到強烈的自豪而不是純粹的對立感。她愈來愈清楚的感覺到，他們兩個人在父母親的心中都占有很重要的地位。儘管漢娜和大衛之間的關係仍有點緊張，但他們都逐漸認識到，他們之間是由一條強有力的感情之線連結。當然，如果大衛沒有先做努力，向姐姐表示好感，那麼他們之間的關係也不會有那麼好的發展。

　　在一個家庭中，如果老三是養子，這一點尤其明顯。哈里曼(Harriman)夫婦倆認為，他們的婚姻是不同人種之間的婚姻，所以收養混血兒是完全合適的。他們自己已有兩個孩子，羅勃特(Robert)和珍妮(Jenny)，他們又收養了六個月大的蘇珊(Susan)。哈里曼夫婦倆都熱愛孩子，且為能夠管好他們而感到自豪。他們的經驗，及哈里曼夫人的專業（她是一位兒科護士）都

使他們覺得自己能處理得很好。但是不久，他們發現蘇珊與羅勃特和珍妮截然不同，羅勃特和珍妮是很好帶的孩子。他們六個月時都能一覺睡到天亮，除非他們生病或者感到不安。蘇珊是個苦惱的孩子，她與生母在一起幾個星期，接著又與養母待在一起，所以當她再次換環境時，她感到整個世界不可理喻的改變了，她完全陷入恐慌之中。這種恐慌在整個家庭中蔓延，哈里曼夫婦也變得恐慌，他們自問，「我們是否犯了一個嚴重的錯誤?」「這嬰兒正常嗎?」或者，「我們能處理嗎?」這些問題不斷出現，使他們更加不安，羅勃特和珍妮也變得不安，這使他們開始懷疑自己不是好父母，沒有能力忍受孩子們帶來的苦惱。羅勃特已五歲，珍妮也已三歲，當珍妮出生時羅勃特曾感到不安過，他強烈希望家裡再也不要有新的嬰兒了。儘管他現在已和珍妮成了朋友，但是他仍殘留這樣的想法：即一個

新的嬰兒會擠掉他在家中的地位，所以他開始討厭這個嬰兒了。當蘇珊日夜啼哭，不定時吃東西，令父母不安，表現得不像一個惹人愛的孩子時，羅勃特覺得他的厭惡已打敗了對一位新來者的慷慨、歡迎。他發怒、做錯事、心情憂鬱、不願上學、纏著父母尋求安慰。珍妮也感到害怕，她曾盼望蘇珊是個甜蜜的小嬰兒。現在她覺得蘇珊失落而痛苦，沒有心情微笑，也不想與人交朋友。這個突然打擊使整個家庭措手不及。

幸運的是，父母倆認識到並非是他們不合格，而是他們所受的壓力太大了。這個例子清楚的說明，嬰兒的苦惱會使整個家庭陷入混亂。當然，一般情況沒有這麼嚴重。當父母重新做起一家之主時，兄妹倆感到大人們仍在管理這個家，他們就能在一個安全的架構下處理自己的敵對和喜愛。

觀察嬰兒在第一年裡如何觀看、傾聽、對他的哥

哥姐姐們作出反應，且明顯的從他們身上，以及他們周圍學習東西，這是很有啟發性的。他們正為將來自己的家庭關係、他們與家庭以外同輩之間的關係打下基礎——如同班同學、同事、隊友以及朋友等。就如同大孩子們在嬰兒出生後會產生一大堆錯綜複雜的感情交戰，嬰兒也會在與大孩子的接觸中，經歷著同樣的感情交戰。學習如何在家庭中尋找自己的地位，這一點無論對老大、老二還是老六來說都不例外。

保護與激發

哥哥姐姐，像祖父母、保育員或者家人的朋友一樣也能引起嬰兒強烈的興趣。我們會遇上一個重要的抉擇問題：有時我們要給予嬰兒所需要的庇護，但有

時我們又要激起他們對世界的興趣，我們如何在此兩者之間取得平衡呢?

很小的嬰兒需要安靜的生活，以使他們能夠逐漸成長。他們剛出生時非常脆弱，像沒有殼的蝸牛。人們直覺的感受到這一點，所以直接的滿足他們對柔軟、溫暖和安靜的需要。五十年前，人們常常讓嬰兒獨自待在嬰兒小床或嬰兒車裡，到一定的時間餵他們奶。但這種做法引起一些反應，父母們理解到，如此對嬰兒來說，沒有任何激發作用，反而會引起嬰兒的孤獨感。現在情況截然不同了，人們強烈瞭解到嬰兒有學習的能力，於是他們讓嬰兒的周圍環境充滿生動的顏色、可愛的動態裝飾品和很多的動作，使環境生機勃勃、富有挑戰性。

在這兒，父母必須思考如何在安靜與吵雜之間取得平衡，同時要密切注意嬰兒的需要。威廉(William)

是家裡的老三，他的母親非常忙，她要照顧另外兩個

小孩子且做一份臨時工——她與人一起當保姆。這對

威廉來說意味著他見到的不僅是他的姐姐們，同時還

有另外兩個孩子。母親的雙手非常靈巧：到處擺著她

自己製作的圖片、裝飾品和玩具。她認為應儘早鼓勵

並培養孩子的興趣，她的兩個小女兒都是想像力豐富、

活潑的孩子，熱愛製作東西、畫畫、寫字和唱歌。

　　不過，房子擁擠且鬧哄哄，威廉自出生以來一直

沒有安靜過。母親常常對保姆說，「他感到煩了，把他和其他孩子一起帶到裡面去吧。」當然，威廉的眼光一直沒有離開過其他孩子。他的情緒不停地波動，很難平靜下來，似乎一直憂慮不安。一天，一位來訪者見到威廉，那時他有兩個月大，躺在地板上的一塊鮮艷毯子中，他的姐姐和其他兩個孩子在一旁蹦跳著，興奮的玩遊戲。來訪者發現，當腳步聲可怕地接近威廉時，他會發抖，顯得很震驚。後來，他們把威廉從地板上抱起來，保姆還來不及說什麼，一個孩子已附在嬰兒的耳邊大大的「呼」了一聲。威廉嚇得大哭，孩子們互相埋怨，大人們也責備孩子們的胡鬧。父母們應該瞭解，嬰兒是不能受到太多的驚嚇，否則會情緒不安的。

幾個星期後，來訪者聽說威廉的耳朵痛，她認為，「一點不奇怪，那麼大的吵鬧聲！」我們應該記住，嬰

兒的身體與心智之間的聯繫是非常緊密的。很顯然，威廉在與耳痛搏鬥，他變得很不開心。對姐姐們來說合適的方式，對威廉來說應當做些修正。因為每個孩子所需的環境是不同的。

威廉需要更多的保護，更屬於「嬰兒式」的照顧，不要認為他已經長大而把他置於群體當中。對威廉來說，平衡有點失常了：他沒有變得敏捷、有興趣，相反地他受到過度刺激，並產生各種令他苦惱的感覺。

對於那個對著威廉的耳朵大「呼」的孩子，大人應做斷然的處理。有一點相當重要，當嬰兒太幼小、太脆弱而不能保護自己時，我們必須保護好他們。不要讓那些大孩子們對著嬰兒發出刺耳的響聲、拿東西刺他們或者以其他方式傷害、驚嚇嬰兒。那樣做對大孩子們沒有絲毫好處，他們會嚇著嬰兒，且會令自己內疚，在以後的生活中會背負良心之債。所以，當我們

在同情年長孩子的羨慕、嫉妒和急躁的同時，也需要幫助他們控制自己，避免作出一些傷害他人的事情。

應該讓嬰兒覺得自己安全地處於父母的照顧之中,安全地處於自己獨特家庭所建立的穩定模式之中，安全地處於他們即將瞭解，並期待瞭解的組織結構之中。以此為基礎，他們能逐漸拓展新的經驗。在他們的身上有一種成長的自然動力，並非一切都由我們掌握，我們只是提供場所和引起他們注意的事物，而讓嬰兒主動且自動的去擴展、接觸。

融入世界

嬰兒會主動的去接觸外界事物，實際上他們完全是在遊戲之中跨出第一步的。三個月大的嬰兒會抓住

咬牙環或毯子的一角，而把它們放到眼前仔細打量，或放到嘴裡吮吸，這是嬰兒瞭解外界事物的開始。在遊戲之中，嬰兒努力尋找、思考周遭世界的方式，並瞭解、領會其中的意義。

感應性與敏感性

　　從一開始，嬰兒就會被聽覺、觸覺和視覺印象所吸引。一條明亮的光線或任何明晰可見的東西，不僅吸引著嬰兒的眼睛，也吸引著他的心靈。注視著活動裝飾品的嬰兒，不僅感到視覺愉悅，也感到心靈的愉悅。因為，心靈也在注視著他們。在微風中叮噹作響的蘋果和梨的活動裝飾物使嬰兒開始思考：何為運動？何為紅色、黃色及光亮？

嬰兒最注意、最感興趣的是母親及餵他們奶、照顧他們的人。嬰兒慢慢熟悉著他們的臉、身體、聲音、動作和思想。對一個健康的嬰兒來說，身邊的人一直是興趣的主要來源。不過，興趣會很快擴展開來。拉爾夫(Ralph)的母親相信孩子很喜愛他的食物。因為拉爾夫吃奶時很專心，且會吃很長時間，他飽餐一頓後顯得心滿意足。當母親餵完奶，拉爾夫就躺在她的膝蓋上，張開著嘴巴笑。一天，母親看到一件有趣的事

情。當她走到拉爾夫的小床邊時，嬰兒並沒有看到她，他的嘴像吃奶時一樣吮吸著，他正全神貫注的盯著深綠色的樹葉看。也許，看著被陽光照耀的綠樹使拉爾夫回憶起吃奶時的一些感覺。另一次，母親也看到拉爾夫在做同樣的動作。那時，姨媽在彈鋼琴，拉爾夫專心的盯著姨媽看，且嘴巴吮吸著。通過這樣的小例子我們可以發現，嬰兒對曾經吸引他們並深深打動他們的感官經驗相當敏感。審美從嬰兒時期就開始了。

記憶與思考

當拉爾夫聽見音樂的聲音或樹葉發出的聲響時，他會回憶起母親餵奶的情景且產生相似的愉悅感。這個故事告訴我們，嬰兒正在發展他的心理且形成觀念。

開始時，我們必須充當嬰兒的記憶力，即為他思考。嬰兒啼哭時我們要安慰他，讓他瞭解他的憤怒或恐懼實際上並不是什麼大問題。這樣，嬰兒會覺得他正接觸一個與自己不同智慧的心靈——能瞭解自己無法瞭解的事物，記住自己不能記住的東西。

無數次的親密接觸使嬰兒的心理得以成長。當嬰兒能在頭腦中回憶起事實上並不在場的事物時，這才是思維的真正開端。開始時，嬰兒依靠確實在場的母親或其他人來做回憶練習。當嬰兒能回憶起並不在場的某人或某種舒適的感覺時，他就學會了如何提取記憶的素材。有人看見安娜(Anna)在小床裡啜泣，她突然想到什麼好主意，看了看自己的大拇指，然後把它放到嘴裡。安娜清楚地記得，上一次這給了她一些幫助。

我們再來談談嬰兒的「吸收」本能。上文已指出，

嬰兒吃奶時吸收的不只是奶水，還有更多的東西。他
們同時也感覺到被關懷、被考慮，這一點對於學會思
考有舉足輕重的作用。

遊戲與溝通

嬰兒在遊戲之中瞭解身外世界，同時也獲得新的
經驗、感覺和觀念。因此，遊戲也會影響嬰兒的內心
世界：他們的願望（希望發生的事情）、恐懼（擔心發
生的事情），以及不斷發展的想像與智力。

七、八個月左右的拉爾夫坐在地板上專心地玩他
的塑膠杯子。他把東西放到杯子裡及自己嘴裡，又把
它們取出來。他專心的表情，說明了他正在努力理解
內與外的概念：一物如何被另一物所容納，又如何被

取出來。嬰兒在掌握語詞之前，往往先掌握該詞的概念。可以說學習語言從嬰兒時期就開始了。

　　嬰兒是完全自發的去感知周遭事物的。拉爾夫六個月時，已有不少有關內與外的經驗：乳頭進入嘴裡後又會出來，而奶水流進嘴裡後卻不會再出來。眼睛會流淚，嘴會發出響聲。但他明白，父母的懷抱及嬰兒小床是安全的地方。他想瞭解某些東西，儘管有時不盡人意。最初的那些與心理體驗緊密聯繫的生理體

驗也開始獨立出來。拉爾夫開始思考事物之間的相同與差異。

拉爾夫也想瞭解：事物如何運作？事情如何發生？當拉爾夫吃完奶，他仔細打量著母親的乳頭，然後拿食指和大拇指去捏它。母親咯咯笑著對朋友說：「他想把它轉下來！」這當然是句玩笑，因為拉爾夫對工具與結構一無所知。不過，母親直覺的發現，拉爾夫開始對事物的結構與運作感到好奇了。

在第一年的中間幾個月裡，嬰兒開始覺得自己與其他人、其他事物是不一樣的。前面已談到，嬰兒從一開始就無意識的與其他人溝通。在這幾個月裡，他們開始有意識的發展自己的溝通能力。語言的發展與孩子瞭解到自己是個獨立的人之間有很大關係。嬰兒透過動作、遊戲或語言來消除自己與其他人之間的距離。

從一開始，父母就瞭解到，他們與嬰兒之間存在著差距，以及嬰兒需要發展他們的溝通能力。父母必須以動作和語言與嬰兒溝通。正如前面所說，新生兒轉向母親聲音的方向，就好像他們曾經聽過這種聲音——其實，他們確實在母親腹中時聽過這種聲音。所以，母親的聲調就顯得很耳熟，它能安慰嬰兒，且使嬰兒覺得周遭的事物並不陌生。接著，這種聲調也帶給他舒適、喚醒他的注意力，同時更傳達出慈愛、關懷及瞭解的信息。

太多數父母從嬰兒出生的頭幾天起，就主動且本能的與嬰兒說話。像「嗯，乖，真不錯」或「可憐的小東西」之類非常簡單的話，告訴嬰兒所發生的事情並表達其中的意義。我們並不覺得，說一些超出嬰兒的理解能力、或他們不能完全聽懂的話是愚蠢的做法。他們渴望追趕我們，所以，我們可以走在他們前面、呼

喚他們。與嬰兒單獨相處時，某些人常對嬰兒說個沒完：「這才是可愛的小姑娘，真是可愛的小姑娘……我們來洗個澡，媽咪已經洗過澡了。讓媽咪扶住你。尿布濕了沒有……抓住媽咪的手……馬上就好……媽咪就回來，我們要用衛生紙擦擦。」當然，嬰兒既需要安靜，但也需要聽見別人說話，更需要我們用語言來表達他們自己體會到的感覺。

　　不久，嬰兒也開始「說話」了。此時，父母及其

他人必須通過直覺、想像、判斷以瞭解嬰兒「話」中的意義，且將之翻譯為合適的動作及語言。有時意義很明顯。像簡(Jane)，坐在地板上舉起雙手，懇求的看著母親。母親問，「噢，要我抱你起來嗎?」說著，從地上抱起了簡。這些不起眼的交流使嬰兒對溝通一直懷著強烈的興趣。表達一個願望並讓人理解、注意它從而取得溝通。這一切都令嬰兒滿意。

語言不但能表達願望，也能減輕恐懼及不安。從嬰兒開始以至整個童年時期，孩子一直在給各種模糊而嚇人的不安命名，且努力瞭解它們。做夢時就會產生各種無法想像、無法表達的無名擔憂。令人驚奇的是，嬰兒很早就能對你的話作出回應，同時也能理解你的一些意思，儘管他們尚未形成自己的語言。

繼續成長：混合餵養與長牙

混合餵養在不同時代有不同的作法。二十五年前，人們喜歡讓出生後幾個星期甚至幾天的嬰兒嘗嘗各種食物的味道。但是五十年前，直到嬰兒九個月大時，大人才偶爾讓他嘗嘗乾麵包、果汁及魚肝油的味道。顯然，對嬰兒的食物有很多限制。不過，大人對此並沒有異議。

無論你讓嬰兒品嘗哪種食物，在相當長的一段時間裡，嬰兒只能以母乳或牛奶為主食。如果父母在餵奶之外也餵嬰兒過多的固體食物，其原因往往是過度擔心嬰兒的依賴性了。一位年輕的母親常常希望吃奶

的嬰兒能迅速長大，因為她擔心會意外地發生奶粉短缺情況。她覺得這種想法很愚蠢，且告訴自己除非是一場大災難，否則不會造成這種情況。無論如何，世上總有乳牛吧？然而，恐懼依然不斷襲上她的心頭。這種恐懼也許與母親沒有奶水了有關。因為，它很容易使母親意識到，嬰兒有很強的依賴性。

隨著嬰兒的成長，母乳和牛奶將逐漸為其他食物所代替。餵母乳有一個附帶的優點。它保證嬰兒在一

段時間裡可以緊緊貼著母親吃奶，此時，身體與心靈都能親密的與母親接觸。餵牛奶時則不同，嬰兒往往先學會如何抱住奶瓶。當然，如果餵牛奶時也能保持與嬰兒的親密接觸，那也未嘗不好。

自然會提醒我們，何時開始給嬰兒吃固體食物。大多數嬰兒在第一年的中間幾個月裡將長出第一顆牙齒。咀嚼的動力來自吮吸的動力。可以想像，當嬰兒的牙床變得結實，牙齒愈來愈鋒利時，他期望它們能深深陷於某件東西之中。牙齒，既是工具又是武器。咬的願望可能與抓握及消化的本能有關，也可能與侵襲與敵意的動力有關。

許多嬰兒在長牙的一段時間內很不安，他們牙齦酸痛、心情暴躁、好攻擊人。一位母親帶她的孩子去看醫生。她說孩子生病了，他正在長牙。「長牙只會長出牙齒而不會生出其他任何東西。」醫生這樣告訴她。

不過母親她回家的時候還是半信半疑，因為長牙使嬰兒很不舒服。這使我們再次回憶起一個事實：嬰兒身體的感覺與心理的感覺是緊密相關，有時甚至是密不可分的。感冒、出疹、微熱不但帶來身體的不適，也帶來心理的不適。

回到工作：重新開始工作的母親

　　這裡要談談母親們的情況。很多母親在這段時間裡重新開始家庭之外的工作。當然，我們並不想討論這種做法是否合適，因為每位母親都有各自的理由：不同的家庭經濟狀況、不同的生活方式以及對職業不同的投資等等。不過，每個人都希望為照顧孩子作出可行的最好安排，所以有必要仔細考慮各方面因素。父

母要設身處地為嬰兒著想，且考慮他們的需要、瞭解他們的感覺，這樣做才能照顧好孩子。

人們往往認為，嬰兒不大注意媽咪是否在家，也不會想念媽咪。當然，如果情況順遂，嬰兒也可以處理母親不在的情境。不過，他們肯定會注意到母親不在自己身邊。重回工作的母親也會感到某種程度的壓力。事實上，無論母親還是嬰兒都不可能對這個改變無動於衷。母親應當看到，嬰兒有時會產生暴躁、不安和憤怒的情緒。應該讓嬰兒覺得母親是瞭解他的，而不能讓嬰兒錯誤的覺得母親回去工作對他沒有任何意義。

第四章

漸趨獨立

現在，我們要思考嬰兒在第一年最後三個月內的生活情況。在成長中沒有明顯的分界線，我們必須注意的事情也不會突然發生。不過，嬰兒在下半年內仍有驚人的發展——他們能夠爬行且斷奶了。雖然嬰兒學會爬行、斷奶的時間都是不一樣的，不過這些個人的差異並不會改變一個普遍的事實——即嬰兒至一歲大時，他的存活已經從母親的存活之中獨立出來。事實上，獨立的趨勢在這之前早已初露端倪。

出現與重現

嬰兒一出生，就開始學習事情的起始過程與結束。如在餵奶過程中他們也需要學習一個有意義的狀態——從渴望得到食物到如願以償；開始時他們極度用力地吮吸，然後飢餓感逐漸消除且得到滿足，最後他們的

美餐結束了。接下來的事情是消化食物、明白這件事情已經結束並仔細思考它，如此周而復始。嬰兒也逐漸習慣他們的家人會因為某種原因，消失幾分鐘，而在幾小時或者幾天之後又出現在他們眼前。嬰兒常用玩具做遊戲，先將它們扔得遠遠的，然後又要別人把它們揀回來。稍大的嬰兒都喜歡玩「躲貓貓」之類的遊戲，這些遊戲可以激發他們的思考。有些東西雖然看不見了，不過仍然存在著。你可能擔心它再也不會回來了——可是快看！它又回來了。

爬行

當嬰兒學會爬行時，他們的生活及他們父母的生活都會發生相當大的改變。能隨心所欲的移動身體，肯

定會帶給嬰兒很強的獨立感。當然，爬行在不同時候
也許有不同的意義。有時，嬰兒快樂而有信心的爬到
某個地方，看看發生了什麼事情；有時，他們不安的
躲到母親身後，害怕看到什麼東西；有時，他們因為
討厭某樣東西而從它旁邊爬開。學會爬行之後，嬰兒
有了更大的自由。不過，比起過去那些安靜的日子來，
父母更需留意他的行動了。

斷奶

　　母親不在身邊或間斷性的餵奶，都可做為斷奶之前的練習。父母會在不同的時間，停止餵嬰兒母乳而改餵牛奶，或者停止用奶瓶而改用茶杯。初學走路的嬰兒，仍需帶著奶瓶度過很長一段時間。不過，所有這些斷奶模式很容易使人們忽略一件事實，即嬰兒在第八、九、十個月時，確實已告別了他的吸吮、臂抱和膝上生活。他們不再只是個「小嬰孩」了。

　　嬰兒斷奶時，我們可能會發現，嬰兒會因為失去母乳而產生各式各樣的情緒反應。有些嬰兒很快便自動斷奶而不必拖很長時間，而有些卻相當困難。他們

可能暴躁的咬母親的乳房、顯得很悲哀，也可能感覺肚子不舒服或者得感冒。

　　湯姆斯(Thomas)是個精力旺盛、快樂的嬰兒，且很好餵奶。他六個月大時，母親開始一份臨時的工作。因為母親這份臨時的工作，再加上其他各種跡象都表明湯姆斯已經足夠大了，比如說他在吃奶的同時，也喜歡吃其他食物，這一切都促使母親給不足十個月的湯姆斯斷了奶。在徹底斷奶前的幾個星期裡，湯姆斯很安靜，只是他得了兩三次感冒，有時心情暴躁。

　　有一天，父母的一位朋友看見他流著鼻涕、坐在洗碗機旁的地板上。他憂鬱的取出湯勺和叉子，然後有氣無力的塞進嘴裡。湯姆斯好像是在嘴裡玩弄這些冰涼、空蕩蕩及不舒服的東西。為了表示歡迎，湯姆斯遞給客人一塊骯髒的、濕漉漉的擦地布並看著她。客人不知道湯姆斯是否向她表示某種感覺——似乎他的

心情正為一塊濕而陰鬱的毯子所籠罩。

幾個星期之後，當這位朋友再次走進房子時，湯姆斯仍然坐在廚房地板上。但這次當他轉頭看她時，臉上有燦爛的笑容。湯姆斯正在玩一只亮晶晶的銅盤，盤子裡還有一點水。他咯咯的笑且輕快的潑著水，顯然已經恢復了好心情。

旁觀者覺得，湯姆斯已經重新在自己身上找到了吃奶時常有的快樂感覺。亮晶晶的盤子和玩水的樂趣代替了不友善的湯勺和濕瀌瀌的擦地布。他不再流鼻涕、心情悲傷、易發脾氣。相反，他重新感覺到父母對他的興趣、關注與憐愛。他發現，他無需依靠哺乳關係的幫助，也同樣可以感到快樂。

湯姆斯顯得長大了一些。他能精力充沛且成熟的與人溝通，他的語言進步得相當快。顯然，斷奶刺激了嬰兒的成長。也可以說，因成長而告別某個階段使

嬰兒大有收穫。

成長的努力：想要你無法擁有的東西

　　人一生都在告別上一個階段，而告別嬰兒階段是其中的最首次。變化、發展和繼續前進總會帶給我們各式各樣的矛盾情緒，嬰兒也在所難免。嬰兒的特質之一就是不懈的追求新經驗，不過另有一種動力卻緊拉著他們，使他們不能往前——即害怕變化、害怕失去寵愛及熟悉的人及事物、害怕忍受失去的痛苦。

　　我們同樣需要尋求一種均衡。嬰兒很喜歡表現他的獨立性。像海倫 (Helen)，很早就學會爬行與走路，

她急於模仿姐姐。她總是東攀西爬，有時險象環生。她還想自己吃奶，不久也成功了，她很早就學會自己抱住奶瓶。雖然父母對此深感自豪，海倫也覺得自己是力大無窮、無所不能的，不過，這樣做對海倫而言還是負擔過重了。海倫開始摔跤，然後有好幾個晚上睡得很不安穩，且需要別人緊摟著她、安慰她。父母本能的覺得不能再讓她做兩三歲時才能做的事情，並要多留心她脆弱的一面。

但是，也有一些嬰兒與海倫截然不同，父母需要花費更大心思來幫助他們放棄既有的方式，我們常常在斷奶過程中發現這一點。一般情況下，母親在嬰兒斷奶過程中扮演很重要的角色，因為母親會決定何時給嬰兒斷母奶，或者何時開始混合餵養。斷奶需要嬰兒的合作，他們由對母親提供的食物表示出興趣或不感興趣的態度，來說明自己對斷奶的反應。斷奶一般

能順利進行，母親與嬰兒之間能達成某種共識。不過，也有一些嬰兒比其他嬰兒更難斷奶。

如果你的嬰兒很難斷奶，那麼你就要多費些時間及心思了。希望得到不可能得到的東西或希望發生不可能發生的事情，是所有嬰兒必須努力克服的，事實上也是我們自己一直努力克服的。嬰兒能在無數次細微的事情中學會如何拒絕自己。儘管這些事情容易處理但它們仍然是重要的。嬰兒很容易覺得，自己的期待和希望是很有力量的，因為每次想吃東西時總能奇蹟般的如願以償。正是這些細微的事情使得嬰兒明白，生活遠比此要複雜，別人也有自己的生活和想法，生活有時會自動的拒絕你。

斷奶是告訴嬰兒、母親及家人：「不行，你不可能永遠做一個嬰兒。即使你仍然吃奶，你仍不可能繼續做一個嬰兒。因為任何東西都不能阻止時間及成長

的進程。」不願放棄母乳的嬰兒與通情達理地放棄母乳的嬰兒，對於斷奶都有兩方面的看法——有時，不願放棄的想法會暫時占上風；有時，他們渴望成長、渴望獨立，並自信而慷慨的要求母親走開。如果母親與嬰兒在斷奶問題有著長時間的協談，一旦問題解決，他們就會感到輕鬆愉快。

走出嬰兒的階段進入幼兒階段

我們很難分辨，哪些嬰兒已經告別嬰兒階段，儘管他們偶爾也會像海倫那樣倒退幾步、故態復萌。嬰兒貌似長大，事實上，他們仍然需要別人幫助他逐漸獨立以告別嬰兒階段。有時嬰兒已放棄奶水，但是母親卻仍未放棄。斷奶意味著要失去一個小小嬰兒而得

到一個小小孩童,這個變化會影響母親及整個家庭的。

邁出斷奶的第一步對母親來說是一次失落,也是一次告別。母親與嬰兒都默默地瞭解到,餵母奶的日子已經過去了。嬰兒仍想念餵奶的日子,不過,只要母親不為之所動,所有事情都是可以克服的。

母親要處理嬰兒的各種不安的情緒,同時也必須處理自己的各種難以克服的情緒,這一點可能令母親精疲力竭,也可能使母親覺得難以拒絕嬰兒的各種願望。如果母親認為應該給嬰兒斷奶卻又不能面對它,她們會找出許多理由來。理由之一是,這種做法似乎太殘酷了。既然自己有奶水,嬰兒又需要它,為什麼不讓他們吃呢? 理由之二是,在某些國家裡,經濟方面的困難就普遍延長了母乳餵養的時間。儘管母親明白,嬰兒已無需從奶水中吸收營養,不過她們仍然覺得嬰兒需要舒適感和吮吸。在這種情況下,是否要斷奶這

個問題就顯得更難處理了。

　母親需要別人的幫助和支持，以使她們能堅強的忍受嬰兒所帶來的不安。母親和嬰兒都容易屈服於一種縈繞於心中的、無法言喻的恐懼。母親擔心，一旦讓嬰兒斷奶，她們對嬰兒的不安就變得束手無策。斷奶成了一場災難，而非自然的結果。母親與嬰兒都好像相信沒有母奶，嬰兒就不能存活。母親無法樂觀地相信這完全只是嬰兒的幻想。相反地，她們似乎有點同意嬰兒的看法，甚或確實有幾分贊同，因為母親們也覺得，斷奶之後自己好像同樣無法存活。母親身上成熟的一面需要得到別人的支持，而最好的幫助是來自於嬰兒的父親，他確實能幫助母親及嬰兒。

結論

　　第一年已瀕臨尾聲，嬰兒已準備以一種嶄新的方式來看待世界。這一年中，無論是餵母乳或是餵牛奶，從某種意義上說，哺乳關係（即兩人之間的關係）是最核心的部分。雖然，在嬰兒的生活中有許多人可能都是重要的，不過，嬰兒往往只依附其中的某一個，這一點在以後的生活中也不例外。然而，嬰兒的感覺會發生變化，他會愈來愈覺得自己是一個獨立的人。其他人不但與自己有關係，且他們彼此之間都有關係。我們可以發現，雙親家庭的嬰兒對父母之間的關係日益感到興趣，而單親家庭的嬰兒對母親與其他成年人之間

的關係也同樣敏感且感到興趣。

總而言之，嬰兒時期也瀕臨尾聲了。無論什麼時候再有新生的嬰兒——幾個月、幾年之後，或者不再要孩子。從某種意義上說，現在膝上正空著。而這是為後來者準備的位置。

參考資料

☐ *The Making and Breaking of Affectional Bonds*, John
Bowlby, Tavistock Publications, London, 1979

☐ *Through the Night*, Dilys Daws, London Free
Association Books, 1989

☐ *Thinking about Parents and Young Children*, Martha
Harris, Clunie Press, 1975

☐ *The Diary of a Baby*, Daniel Stern, New York Basic
Books, 1990

☐ *The Child, the Family and the Outside World*, D. W.
Winnicott, Penguin Books, 1964

協詢機構

□婦幼醫院醫療諮詢

　(02)396–0728

　臺北市福州街12號

□中華民國醫療諮詢服務協會

　(02)331–4344（醫療常識諮詢）

□婦幼醫院兒童心智科

　(02)391–6471轉374、372

　臺北市福州街12號

□中國幼兒教育促進會

　(02)304–0767

臺北市和平西路三段384號1F

□臺北市保母協會

(02)762-5724

臺北市南京東路五段102號10F

□臺北市家扶中心

(02)351-6948

臺北市新生南路一段160巷17號

□各地區的衛生所、公私立醫院的婦幼中心

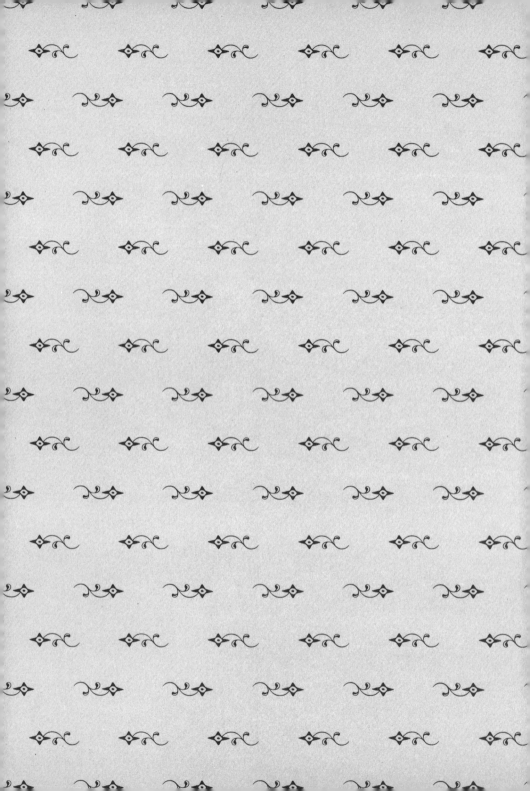